BEI GRIN MACHT SICH IHR WISSEN BEZAHLT

Bibliografische Information der Deutschen Nationalbibliothek:

Die Deutsche Bibliothek verzeichnet diese Publikation in der Deutschen National-
bibliografie; detaillierte bibliografische Daten sind im Internet über http://dnb.d-
nb.de/ abrufbar.

Impressum:

Copyright © 2005 GRIN Verlag, Open Publishing GmbH
Druck und Bindung: Books on Demand GmbH, Norderstedt Germany
ISBN: 978-3-640-53537-8

Dieses Buch bei GRIN:

http://www.grin.com/de/e-book/110199/ernaehrungsverhaltensweisen-jugendlicher-
im-kontext-ihrer-lebensstile

Mareike Speck

Ernährungsverhaltensweisen Jugendlicher im Kontext ihrer Lebensstile

GRIN Verlag

GRIN - Your knowledge has value

Der GRIN Verlag publiziert seit 1998 wissenschaftliche Arbeiten von Studenten, Hochschullehrern und anderen Akademikern als eBook und gedrucktes Buch. Die Verlagswebsite www.grin.com ist die ideale Plattform zur Veröffentlichung von Hausarbeiten, Abschlussarbeiten, wissenschaftlichen Aufsätzen, Dissertationen und Fachbüchern.

Besuchen Sie uns im Internet:

http://www.grin.com/

http://www.facebook.com/grincom

http://www.twitter.com/grin_com

Ernährungsverhaltensweisen Jugendlicher im Kontext ihrer Lebensstile

Eine empirische Studie. Bundeszentrale für gesundheitliche Aufklärung

(2003)

Ausarbeitung eines Referates zum Erwerb eines Leistungsnachweises im
Studienschwerpunkt Kulturarbeit

Seminar: Populäre Musikkultur und Veganismus in Jugendszenen

Vorgelegt von:
Mareike Speck

Diplom Erziehungswissenschaften
7. Fachsemester
Bottrop, im Februar 2005

Inhaltsverzeichnis

1. Einleitung

Die Ernährung nimmt in der heutigen Zeit einen immer höheren Stellenwert im Leben der Menschen und in der Medienlandschaft ein. Sie ist verknüpft mit dem individuellen Lebensstil und der Identität der Person. Das Sprichwort „Der Mensch ist, was er isst." (Feuerbach) bekommt eine völlig neue Bedeutung. Die verschiedenen Eßgewohnheiten reichen von „Fast Food" geprägter Ernährung über gesundheitsbewusstes Essen bis hin zu vegetarischer oder veganer Lebensweise. Mit den verschiedenen Ernährungsstilen sind Stereotype verbunden, d.h. man assoziiert bestimmte Ernährungseinstellungen mit einem konkreten Typ Mensch. Die Studie der Bundeszentrale für gesundheitliche Aufklärung hat den Zusammenhang des Ernährungsverhaltens Jugendlicher und ihrer individuellen Lebensstile sowie anderer Einflussfaktoren untersucht und konnte eine starke Beeinflussung des Ernährungsverhaltens durch diese aufzeigen.

Die Notwendigkeit von Essen und Trinken ist allen Menschen gemeinsam, dennoch gibt es gravierende Unterschiede in der Art und Weise der Nahrungsaufnahme, zum einem kulturbedingt und zum anderen beeinflusst durch die Sozialisation.

In der folgenden Arbeit möchte ich mich anhand des Textes von Georg Simmel „Die Soziologie der Mahlzeit" und des Textes von Bettina Mann „Essen und Identität: Zur sozialen und kulturellen Dimension der Ernährung" mit diesem Thema auseinander setzen, dabei nehme ich Bezug auf die oben genannte empirische Studie der BZgA „Das Ernährungsverhalten Jugendlicher im Kontext ihrer Lebensstile".

2. „Soziologie der Mahlzeit"

Georg Simmel, einer der Mitbegründer der Soziologie in Deutschland, verdeutlicht in seiner Schrift „Soziologie der Mahlzeit" die Bedeutung der sozialen Funktion der Essensaufnahme. Er weist auf die paradoxe Zwiespältigkeit des Essens hin, welches sich egoistisch und gesellschaftlich zugleich vollzieht. Es sei eine Gemeinsamkeit aller Menschen, dass sie essen und trinken müssen, doch nicht jeder Mensch könne unter Umständen das Gleiche essen. Es muss sich zwar jeder Mensch ernähren, doch es muss nicht zwingend in der Gemeinschaft geschehen. Dennoch ist das gemeinsame Essen und Trinken seit jeher ein fester Bestandteil im Leben der Menschen. Ein berühmtes Beispiel dafür ist das christliche Abendmahl, durch dieses werden die Menschen miteinander verbunden. Dabei ist einzigartig, dass jeder Teilnehmende genau dasselbe zu sich nimmt, eine Hostie, die mit dem Leibe Jesu identifiziert wird. Somit wird hier der egoistische, individuelle Aspekt einer jeden Mahlzeit überwunden. (Simmel, 1910)

Selbst Personen, die nichts außer dem gemeinsamen Interesse an Nahrung verbindet können sich zu einer Mahlzeit zusammen finden. Im arabischen Kulturkreis hat die gemeinsame Nahrungsaufnahme eine derart sozialisierende Kraft, dass es einen Feind zum Freund macht. (ebd.)

Simmel belegt seine These des großen sozialen Wertes gemeinsamer Mahlzeiten, anhand der Verbote in früheren Epochen. Dort war es nicht gestattet mit Menschen, die bestimmten religiösen oder kulturellen Gruppen angehörten, zu speisen. (ebd.)

Die gemeinsame Nahrungsaufnahme sei speziell im Mittelalter ein wichtiger Fixpunkt im Alltagsleben gewesen, welcher die Zusammengehörigkeit immer wieder neu bestätigte. (ebd.)

Ein weiterer Beweis für die soziale Funktion der Essensaufnahme, ist das Auftreten von Vorschriften bezüglich der Konsumierung des Essens. Mahlzeiten treten in einer gesonderten Regelmäßigkeit auf, d.h. es nimmt nicht jeder einzelne etwas zu sich, wenn er Hunger verspürt, sondern man trifft sich zu einem bestimmten Zeitpunkt, der Naturalismus des Essens wird hiermit überwunden.

Besonders in höheren Ständen gibt es explizite Regelwerke, die bestimmen wie man sich während der Mahlzeiten zu verhalten habe. Die Individualität des Essens wird dadurch aufgehoben, insbesondere durch das Essen mit Besteck, welches eine Distanz zu der Nahrung aufbaut. Gegenläufig dazu wirkt hingegen das Einteilen von Essensportionen auf dem eigenen Teller, diese ist individuell für eine Person gedacht. Dieser Individualismus wird durch eine Gleichartigkeit des Geschirrs an einer Tafel wieder zu einer Gemeinschaftlichkeit. Die Ästhetik hat beim Essen also auch eine große Bedeutung. Sie bezieht sich sowohl auf die Farbgebung des Geschirrs und Bestecks als auch auf ein stilvolles Interieur im Essbereich. Durch die im vorherigen beschriebenen Beiwerke zur Nahrungsaufnahme, wird der eigentliche niedere Beweggrund zum Essen, nämlich die Bedürfnis- befriedigung, überspielt. (Simmel, 1910)

Auch meiner Meinung nach ist die Mahlzeit mehr als Nahrungsaufnahme, sie ist vielmehr ein soziales und kommunikatives Ereignis, welches die Familie oder Freunde gemeinsam an einem Tisch zusammen führt. Früher war es notwendig gemeinsam zu wirtschaften um die Nahrungsversorgung zu sichern, die gemeinsame Nahrungsauf-nahme war an eine bestimmte Form der gesellschaftlichen Arbeitsteilung geknüpft. Doch durch die Auslagerung der Produktion aus dem Haushalt war die gemeinsame Mahlzeit nicht mehr funktional notwendig, sie blieb vielmehr als sozial üblich bestehen. Die Familienmahlzeit wurde zum Symbol für das Ideal der bürgerlichen Familie. Heute hat sich die idealtypische familiäre Essgemeinschaft weitestgehend aufgelöst. Kurze Mittagspausen und lange Wege zwischen Wohnung und Arbeitsplatz erlauben es den erwerbstätigen Familienmitgliedern nicht die Mittagspause zu Hause zu verbringen. Zeitzwänge wie Schul- oder Arbeitszeiten, gesellschaftliche Verpflichtungen und Freizeitpläne, die Berufstätigkeit der Frauen, aber auch der Wandel von Rollen-verständnis und Aufgabenteilung im Haushalt, von Haushalt und Lebensformen und nicht zuletzt das Fernsehen haben die Mahlzeiten im Kern verändert, es wird nacheinander und nicht miteinander gegessen. Kinder, die sich nach der Schule eine Tiefkühlpizza aufbacken, Singles, die ein Tiefkühlgericht in der Mikrowelle zubereiten, Erwerbstätige, die nach der Arbeit ihr Essen zu unterschiedlichen Zeiten aufwärmen. Sie essen häufig allein, vor dem Fernseher, mit einer Zeitung oder einem Buch am Tisch, während das Radio läuft.

Auch das Angebot der Außer-Haus-Verpflegung wächst beständig. Es ist vielmehr eine Rückläufigkeit zum Naturalismus des Essens zu erkennen, Hunger wird gestillt, wenn er verspürt wird. Die Alternative zu gemeinsamem Essen ist Snacking oder Fast Food. Gemeinsame Familienmahlzeiten finden hauptsächlich am Abend, am Wochenende oder zu besonderen Anlässen statt. Die Mahlzeit soll nach wie vor Gemeinschaft schaffen, die Familie ist zwar nicht zu allen Mahlzeiten vollständig, aber doch zumindest mit einem Elternteil und Kind bzw. Kindern. Der kommunikative Aspekt der Mahlzeit gewinnt durch die Seltenheit gemeinsamer Essen noch an Bedeutung.

Auch in der Studie der BZgA wurden die Jugendlichen danach gefragt, ob sie ihre Mahlzeiten im Familienkreis einnehmen und in welcher Regelmäßigkeit. Sie bestätigen die oben genannten Vermutungen, dass im Zuge der Industrialisierung und der Trennung von Wohn- und Arbeitsstätte die Anzahl der gemeinsamen Mahlzeiten stark zurückgegangen ist. Die Zeit ist ein wichtiger Faktor dabei, jede einzelne Person hat ihre eigenen Interessen und diese stehen im Konflikt zu den Verpflichtungen anderer Familienmitglieder. Anhand narrativer Interviews mit einigen Jugendlichen wird der Zusammenhang von Freizeitverhalten im Zusammenspiel mit dem individuellen Lebensstil und dem Lebensstil der Eltern und dem Ernährungsverhalten deutlich. Einige Ausschnitte aus den Ergebnissen werde ich im Folgenden anführen, dabei greife ich besonders die Aspekte der Mahlzeit heraus, da sie mir im Bezug auf die Ausführungen Simmels am relevantesten erscheinen.

Anne ist 16 Jahre alt und kann dem Hochkulturschema zugeordnet werden. Sie zeigt ein gesundes Ernährungsverhalten, nimmt sowohl das Frühstück als auch das Abendessen im Familienkreis ein. Das gemeinsame Essen mit Eltern und Geschwistern dient dem wechselseitigen Austausch darüber, was man erlebt hat. Vor dem Essen wird entweder gesungen oder gebetet. Der Familie ist auch wichtig, dass der Tisch schön gedeckt ist. Die Mahlzeiten am Wochenende werden besonders zelebriert, denn dann haben alle mehr Zeit zur Verfügung. (BZgA, 2003)

Die 17jährige Katja ist sportorientiert und ernährt sich ebenfalls gesund. Die Kommunikationsdichte in ihrer Familie ist geringer als bei Anne, beide Eltern sind berufstätig, deshalb nimmt Katja das Mittagessen meist alleine ein. Auch das Abendessen wird nicht regelmäßig im Familienverband eingenommen, sondern in unterschiedlichen Konstellationen, je nachdem, wer zu Hause ist. (ebd.)

Als Beispiel für den fernsehorientierten Lebensstil in Zusammenhang mit einer gesundheitsabträglichen Ernährung wird der 15jährige Marc aufgeführt. Morgens macht sich Marc sein Frühstück allein und auch das Mittagessen nimmt er allein in der Schule zu sich. Nach der Schule macht sich Marc eine Schüssel Cornflakes und setzt sich damit vor den Fernseher. Ein gemeinsames Abendessen im herkömmlichen Sinne gibt es in seiner Familie nicht, diese Mahlzeit nimmt er auch vor dem Fernseher ein. (ebd.)

Der ebenfalls 15jährige Jan ernährt sich nicht sonderlich gesund. Genau wie seine Eltern, die beide berufstätig sind, zeigt er ein außerhäusliches Spannungsschema. Daher nimmt die Familie nur in Ausnahmefällen eine gemeinsame Mahlzeit ein. Für Jan ist Essen keine gesellige Veranstaltung, es darf nicht viel Zeit Kosten, deshalb isst er lieber allein. (BZgA, 2003)

Dem innerhäuslichen Spannungsschema in Verbindung mit gesundheitsabträglicher Ernährungsweise kann der 16jährige Thomas zugeordnet werden. Gemeinsame Mahlzeiten mit seinen Eltern und seiner Schwester sind eher selten. Morgens frühstückt Thomas allein vor dem Fernseher, während seine Mutter und seine Schwester gemeinsam in der Küche sitzen. Mittags isst er allein, da seine Eltern berufstätig sind und seine Schwester bei ihrem Freund isst. Das Abendessen teilt Thomas sich mit seinem Vater, da die weiblichen Familienmitglieder nach 18 Uhr nichts mehr essen. Doch der Charakter einer gemeinsamen Mahlzeit kommt nicht wirklich auf, da sich jeder das was er essen will hinstellt und auch wieder selbst wegräumt. (ebd.)

Die genannten Beispiele zeigen, dass die Wichtigkeit der gemeinsamen Mahlzeit aufgrund von unterschiedlichen Zeitplänen sehr zurückgegangen ist. Es scheint als wäre eine Hochkulturorientierung eine positive Einflussgröße für gemeinsame Mahlzeiten, als kommunikative miteinander verbrachte Zeit, den Annes Familie zeigt die größte Häufigkeit bei gemeinsam eingenommen Mahlzeiten und scheint sowohl diesen als auch der Kommunikation miteinander einen hohen Stellenwert beizumessen.

3. „Essen und Identität: Zur sozialen und kulturellen Dimension der Ernährung"

Dadurch, dass eine Notwendigkeit der täglichen Nahrungsaufnahme besteht ist die logische Schlussfolgerung, dass es eine wichtige Komponente bei der Identitätsbildung darstellt. Jede Gesellschaft oder Kultur hat spezifische Ernährungsregeln, die normativ und moralisch begründet sind. Die Wahl der Nahrungsmittel ist die Wahl eines bestimmten Lebensstils. Es bestehen, zum großen Teil auch wissenschaftlich belegte, Zusammenhänge zwischen Ernährung und Gesundheit, womit natürlich auch bestimmte Körperbilder verknüpft sind. Verschiedenen Lebensmitteln werden gesundheitsfördernde oder gesundheitsabträgliche Wirkungen zugeschrieben. Daraus resultieren bestimmte Regeln für die Ernährung, vor allem in bestimmten Lebensphasen, wie z. B. während der Schwangerschaft.

Anhand des Beispiels der Arbeitsmigranten macht Mann deutlich, welchen Stellenwert das Essen für die kulturelle Identität hat. Diese behalten ihre Essgewohnheiten zum großen Teil auch fern von ihrer Heimat bei, auch wenn die Beschaffung der passenden Lebensmittel sich teilweise nicht ganz einfach gestaltet. Durch die sinnliche Erfahrung des Essens kann ein Stück kulturelle Identität und Heimat in das neue Land hinein transportiert werden. (Mann, 1991,S.5)

Diese These wird auch durch einen Aufschwung beim Verzehr regionaler Kost bestätigt, in den Medien wird beispielsweise durch Kochsendungen die regionale Küche wieder aufgegriffen. Davon profitieren die Gastronomie, die Nahrungsmittelindustrie und die Landwirtschaft.

Man sieht eine Rückbesinnung auf Tradition, Erfahrung und Heimat, mit diesen Begriffen werden Qualitätsmerkmale assoziiert, die den Verbraucher überzeugen sollen. Heimat, Kultur und Identität sind also mit der Art der Nahrungsaufnahme sehr eng verknüpft.

Ein weiterer wichtiger Aspekt nach Mann ist, dass Essen an der Schnittstelle von Natur und Kultur stehe, da der Speise ein Zeichencharakter zukomme.

„Essen bedeutet nicht nur die materielle Aneignung der Natur sondern auch deren symbolische Aneignung." (Mann, 1991, S.6)

Die Nahrungsaufnahme orientiert sich nicht allein an Nützlichkeitskriterien, sondern am Geschmack. Und ebendiesem liegt nicht die individuelle Urteilskraft zugrunde, er ist ein Produkt sozialer und kultureller Überformungen, dies belegt Bourdieu in seinem Werk „Die feinen Unterschiede". Geschmack ist demnach ein Kriterium für soziale Unterschiede, Ernährungsgewohnheiten und Tischsitten bilden das Fundament eines schichtspezifischen Habitus und des entsprechenden Lebensstils. (vgl. Mann, 1991, S.7)

Die Studie der BZgA Nimmt den Ansatz Pierre Bourdieus im Zusammenspiel mit dem Ausführungen von Gerhard Schulze als Grundlage für ihr Kernmodell für die Erklärung jugendlichen Ernährungsverhaltens.

Nach Bourdieu ist die Gesellschaft vorrangig durch zwei Arten von Ressourcen strukturiert, diese bezeichnet er als kulturelles Kapital, zu dem vor allem Bildung gehört, und ökonomisches Kapital, welches das Einkommen und den Besitz der Menschen bezeichnet. Menschen die ein Übergewicht an kulturellem Kapital haben, haben einen intellektuellen asketischen Lebensstil, Bourdieu bezeichnet sie als offen für neue Trends und exotische Speisen. Im Gegensatz dazu haben Menschen die sehr durch ihr ökonomisches Kapital geprägt sind eine hohe Affinität zu Luxusgütern, d.h. im Hinblick auf die Ernährung, dass sie teure Lebensmittel und Alkoholika bevorzugen. (Gerhards und Rössel, 2003, S.28)

9

Schulze gliedert die Gesellschaft in die Strukturmerkmale Bildung und Alter, ihm nach ist die Bevölkerung vertikal nach dem Bildungsniveau des einzelnen geordnet, es ergeben sich aufgrund des Alters des einzelnen schichtintern Differenzen in den Lebensstilen. (ebd.) Schulze entwarf außerdem eine Gliederung zeitgenössischer Lebensstile, diese drei Schemata sind hauptsächlich durch das Freizeitverhalten bestimmt. Es gibt das Hochkulturschema, welches sich beispielsweise durch Besuche von klassischen Konzerten, starkem Interesse an Literatur oder durch das Ansehen von Informationssendungen auszeichnet. Meist können hochgebildete Menschen diesem Schema zugeordnet werden, dabei spielt das Alter eine untergeordnete Rolle. Das zweite Muster ist das Trivialschema, dieses ist bestimmt durch Gemütlichkeit und Harmonie, typische Aktivitäten von Menschen, die diesem Schema zugeordnet werden können sind das Hören von Volksmusik, das Lesen von Groschenromanen und die Teilnahme an Kaffeefahrten. Es wird hauptsächlich von älteren und ungebildeten Personen präferiert. Das Spannungsschema hat sich erst in den letzten Jahrzehnten verbreitet, es ist aus der Jugendkultur der fünfziger und sechziger Jahre hervorgegangen. Durch Aktivitäten wie Kino und Konzertbesuchen, wollten sich die Jugendlichen vom konventionellen Spießertum abheben. (Gerhards und Rössel, 2003, S.30)

Die Studie der BZgA ergänzt diese Schemata für die Eltern um das Heimwerkerschema und das Sportschema. Während bei den Jugendlichen die Einteilung in das inner-häusliche Spannungsschema, das außerhäusliche Spannungsschema, das Sportschema, das Hochkulturschema, das Sportschema und das Fernsehschema gewählt wird. Die Einteilung in die verschiedenen Lebensstilschemata hat sich als sinnvoll erwiesen, da in ihnen die wichtigsten Ziele und sozialen Normen von Menschen eingefasst sind. Aus ihnen lassen sich dann auch die Einstellungen gegenüber der Ernährung ableiten, die Alltagsroutinen von Menschen schließen die Bevorzugung bestimmter Nahrungsmittel und Arten sich zu ernähren ein. (ebd., S.31) Jedoch geht die empirische Untersuchung davon aus, dass das Ernährungsverhalten nicht allein durch die Lebensstile bestimmt wird.

Das Kernmodell für die Erklärung jugendlichen Ernährungsverhalten geht davon aus, dass das Ernährungsverhalten in erster Linie durch den Lebensstil beeinflusst wird, welcher sich durch den Lebensstil der Eltern und den Schultypus herauskristallisiert, welche widerrum durch das kulturelle und ökonomische Kapital der Eltern, sowie deren Lebensstil beeinflusst werden. Aber auch durch die Ressourcen, die dem einzelnen zur Verfügung stehen, welche durch das ökonomische Kapital der Eltern bestimmt werden. Schließlich spielt auch das Geschlecht, das Wissen über Ernährung und die Einstellung zur Ernährung eine Rolle. (Gerhards und Rössel, 2003, S.32) Somit wird die These von Mann, dass Ernährungsverhaltensweisen durch den sozialen Habitus bestimmt werden, in dieser Studie bestätigt.

Selbstverständlich verändern sich auch die Ernährungsgewohnheiten im Zuge des sozialen Wandels, sie sind mit der gesellschaftlichen Entwicklung verknüpft. Das Essen wird beeinflusst von schwankenden Machtbalancen, Veränderungen in der sozialen Schichtung, Produktionsformen, Markt – und Handelsstrukturen, Fortschritten in der Wissenschaft und der Rationalisierung. (vgl. Mann, 1991, S.8) Diese Faktoren führen zum einen zum Geschmackswandel, zum anderen jedoch auch zu Veränderungen des Angebots und somit auch zu Überfluss und Knappheit mancher Nahrungsmittel. Der Umgang mit dem Essen kann sich verändern, die Menschen bewerten die Nahrungsmittel unterschiedlich und verhalten sich anders. Besonders durch die immer weiter fortschreitende Globalisierung hat es seit jeher gravierende Veränderungen nicht nur in kulinarischer Hinsicht gegeben. So wurden beispielsweise Kartoffeln, Kaffee und Zucker, welche heute feste Bestandteile des Lebensmittelrepertoires sind, aus anderen Ländern eingeführt.

Speziell bei der Neueinführung von Nahrungsmitteln, wie den oben genannten Gütern, zeigt sich, dass der Wandel von Ernährungsgewohnheiten mit der Dynamik sozialer Differenzierung zusammenspielt. Neue Nahrungsmittel sind oftmals zunächst der Oberschicht vorbehalten, ehe sie sich auch in den unteren Schichten durchsetzen bzw. finanziell erschwinglich sind. Heutzutage haben sich die schichtspezifischen Differenzen in Bezug auf Nahrung relativiert, obwohl es selbstverständlich noch Unterschiede gibt.

Es kann zwischen allen in dieser Arbeit vorgestellten wissenschaftlichen Auseinandersetzungen mit dem Thema Ernährung ein gemeinsamer Konsens hergestellt werden. Essen ist etwas sehr individuelles, es ist bestimmt durch den eigenen Lebensstil und den sozialen Habitus, aber auch durch den speziellen Kulturkreis in dem man lebt oder in dem man zum großen Teil sozialisiert wurde. Der Ausspruch „Sag mir, was Du isst und ich sage Dir, wer Du bist." (Mann, 1991, S.4) hat weder an Richtigkeit noch an Relevanz verloren. Die Ernährung ist und bleibt ein lebenswichtiger Bestandteil unseres Daseins und zwar nicht nur in biologischer Hinsicht, sondern auch im sozialen und kulturellen Leben jedes Einzelnen.

Literaturverzeichnis

Bundeszentrale für gesundheitliche Aufklärung: Das Ernährungsverhalten Jugendlicher im Kontext ihrer Lebensstile. Eine empirische Studie. Band 20 der Fachheftreihe „Forschung und Praxis der Gesundheitsförderung". Köln, 2003

Mann, Bettina: Essen und Identität: Zur sozialen und kulturellen Dimension der Ernährung. Universität Bielefeld, Forschungsschwerpunkt Entwicklungssoziologie. Bielefeld, 1991

Simmel, Georg: Soziologie der Mahlzeit. In: Der Zeitgeist. Beiblatt zum Berliner Tagesblatt Nr. 41 vom 10. Oktober 1910 (= Festnummer zum hundertjährigen Jubiläum der Berliner Universität), S. 1 – 2, Berlin, 1910